LOS NEGOCIOS CONSCIENTES

La nueva era de liderazgo coherente con impacto real

Dedicado a la sabiduría infinita de mi alma,

a mi familia por sostenerme

y a cada una de las personas que han confiado en mí.

Índice:

1. Prólogo

2. Mi historia: ¿Qué aprendizajes en mi vida profesional me llevaron a escribir este libro?

3. Los negocios conscientes

4. ¿Cuáles son los indicadores del éxito alineado en un Negocio Consciente?

5. ¿Cómo empiezas a alinear tu negocio con tu energía?

6. ¿Por qué tu negocio consciente no llega hasta las personas que realmente quieres servir?

7. Apartado especial para profesionales de servicios 1:1 o grupales

8. Palabras de despedida

1. Prólogo

Las profesionales conscientes iniciamos este camino con una vocación de servicio determinante y en la mayoría de las veces, nos hemos formado en aquello que a nosotras nos ayudó muchísimo a trascender obstáculos y dificultades.

El gran tema es que todos esos años de terapias, recursos, cursos, programas y libros se terminan convirtiendo en una mezcolanza de la que nuestra propia mente hace una fiesta.

Cuando nos sentimos desmotivadas para seguir con un proyecto… nos saca de la galera las teorías de "Pepito" sobre el foco y la dirección.

Cuando no queremos seguir trabajando más con determinado cliente porque sentimos un "noseque"… nos llena de juicios sobre nuestra valía como profesionales.

Cuando quedamos agotadas después de un proyecto que nos entusiasmaba mucho... nos hace sentir culpables.

Es que para la mente siempre habrá un motivo (o miles) por los cuales torturarte.

Y mientras más conocimientos tengas, más recursos tendrá para hacerlo. Porque recuerda que tu ego forma parte de vos y tiene el mismo nivel de sofisticación, inteligencia y suspicacia.

El trasfondo del cual no se habla es que TU ENERGIA UNICA te muestra un camino de regreso a tu esencia más pura, desde la cual podes poner todos tus conocimientos AL SERVICIO de tu propósito en esta tierra y desde ahí construir un Negocio Consciente.

¡NO AL REVES!

Y si no conoces esa huella energética única entonces seguirás siendo presa de todos los parloteos de tu mente, porque no tendrás a donde anclarte. NO HAY UN EJE AL CUAL VOLVER.

Todo es mente.

¿Cómo sabrás lo que es más alineado a tu energía?

¿Cómo sabrás que observar para tomar decisiones correctas?

¿Cómo sabrás distinguir lo que llega a tu campo energético como una señal que te muestra el camino?

Solo habrá mente, parloteo, ruido, agobio, aturdimiento.

¿Y a donde queda la vocación de servicio profunda con la que iniciaste un negocio para ayudar a otras personas y construir la vida de tus sueños?

Se va apagando.

Porque si sostener un negocio consciente requiere tanto agotamiento energético, mental y emocional ¡Mejor volver a trabajar para otra persona!

Cuando podes comprender, apreciar, valorar y amar aquello que te hace única podes ver con claridad los caminitos por donde:

-Tu energía avanza de manera orgánica y sin fricción ¡No hay resistencias, ni empujar, ni tirar, ni aguantar!

-Tu mente tiende a colarse para contarte mil historias que causan dolor y parálisis ¡Incluso podes conocerle todos sus guiones y libretos para no ser presa inconsciente de ella nunca más!

-Tu cuerpo puede ser el vehículo perfecto que ha venido a ser para transportar tu ALMA INDESTRUCTIBLE y tu misión única en esta tierra.

Es a través del respeto, compromiso y conexión profunda con tu diferenciación que podrás llegar a la unidad con la energía más elevada de amor, divinidad, pureza o como sientas correcto llamarla.

Comprender tu naturaleza esencial es un camino DE REGRESO al amor, de regreso a quien eres, una expresión de la divinidad con una forma perfecta para cumplir su misión.

Es hora de dejar de exigirte ser quien no sos y torturarte en el camino.

Es hora de dejar de compararte con otras profesionales que tienen su manera única diferente a la tuya.

Es hora de dejar de forzarte para subir a una tendencia que no te representa, para sentir que perteneces en un mundo donde no te estás mostrando tal cual sos.

Es hora de dar un paso al frente, abrirte a comprender aquello que te hace única como profesional para poder brindártelo a vos misma, a tus clientes y al Universo entero.

Honrar tu diferenciación es el mejor camino de regreso al amor y la unidad.

Y desde ese lugar podrás construir y sostener un Negocio Consciente que sea un verdadero canal de manifestación en este mundo.

Te extiendo la mano para que puedas sentir que es posible para vos también disfrutar de un negocio que está más allá de las redes sociales y las tendencias de los gurús.

Un negocio que te sirva como un canal de la energía divina en la tierra y te ayude a anclar tu propósito en este mundo.

Un negocio que te ayude a manifestar la misión de tu alma y te permita sostener tu conexión espiritual sin atentar contra tu energía.

Será un placer acompañarte a lo largo de este libro profundamente transformador.

Fuerte abrazo

Con amor

Lorena

2. Mi historia

¿Qué aprendizajes en mi vida profesional me llevaron a escribir este libro?

"La experiencia no se puede improvisar" dice una de mis mayores mentoras y maestras. Y yo sé que muchas veces escuchamos ahí afuera promesas de ceros y bla bla. Pero ¿Cuáles son los verdaderos obstáculos de un proceso de expansión alineado a nuestra naturaleza?

Abro mi corazón y con todo mi amor te ofrezco mi camino.

Me parece importante pasar por cuatro puntos cruciales:

1-Los límites y las creencias que los demás nos espejan

Hubo un día en 2012 en donde me di cuenta que no podía trabajar en relación de dependencia, porque necesitaba sentir que mi trabajo se ajustaba a mi ¡Y no al revés!

Estaba cansada de tener que callarme mis ideas.

Acatar órdenes que me incomodaban.

Sentir esa presión en la nuca y miedo a hacer todo mal.

Llegue a cumplir el rol de 4 puestos de trabajo a la vez. Lo que para una proyectora puede ser FATAL.

Un día mi pareja me dijo "O te dejas de quejar de tu jefe o te vas de ese trabajo"

Cansina no… lo siguiente. Sumida en la amargura total.

Así decidimos montar un negocio con un socio y para sacarlo adelante empecé a formarme sin parar en el mundo de los negocios. Descubrí mentores y maestras que me lo enseñaron todo.

¡Estaba fascinada por la libertad de poder decidir hacia donde quería que fuera mi negocio!

Pero, con el correr de los años algo adentro mío seguía sintiéndose incómodo.

Me di cuenta que yo no creía en lo que estábamos vendiendo... y que, una vez más, el trabajo me estaba condicionando y amordazando.

Mi socio no estaba de acuerdo en nada de lo que yo proponía.

Todas mis decisiones eran cuestionadas y desprestigiadas

Mi valía no existía (en mí misma) y por consiguiente en el exterior.

¡Había trabajado 5 años para construir un negocio que caminara solo y me permitiera dedicarme a vivir mi maternidad con la calma que merecía!

Lo había logrado de manual:

-Mano derecha entrenada a mi lado con tiempo suficiente para tener confianza

-Equipo y proveedores sistematizados

Todo lo que mi mente podía prever y controlar estaba listo.

Pero hubo algo que no pude prever: mi socio no entendía "calma" y "tranquilidad" de la misma manera que yo. Los desacuerdos abrieron una grieta innegociable.

En estos 5 años no solo había cambiado yo, él también lo había hecho ¡Y como en toda relación ya no éramos los mismos que habían comenzado!

Mi falta de autovaloración me había llevado a permitir abusos y humillaciones encubiertos y disfrazados:

Recibir menos dinero por las mismas tareas.

No ser reconocida por mi rol de gerente interna.

Ser cuestionada por cada micro o macro decisión, tanto en la gestión del negocio como en mi vida personal.

Todo eso lo había permitido yo.

Me había expuesto a trabajar muchas más horas de las que podía sostener y encorsetada en unas maneras que no eran las mías.

Ir a la oficina se traducía en un hastío insostenible.

Sentía que mi mirada no valía nada, que mis ideas no servían y que cada cosa que hacia estaba mal.

Y, en muchos casos, me lo decían explícitamente.

Tome la decisión de disolver la sociedad un año antes de cerrar la puerta definitivamente. Durante ese tiempo me preparé para el despliegue de lo que hoy es EL ALMA ES INDESTRUCTIBLE.

Busqué alianzas, compañeras y amigos que me sostuvieran y apoyaran en esta transición.

Aunque me sentía indefensa y triste, porque había trabajado mucho para estar tranquila en mi maternidad y con la panza creciendo soporte los peores reveces… en mi interior sabía que todo iba a ser mejor si estaba tranquila.

Es que cuando otro ser humano depende de tus decisiones y responsabilidad te sube un coraje que antes no tenías.

"Me bajo del tren" Eso fue lo que le dije a mi socio.

¿Y qué vas a hacer? Me dijo.

No lo sé, pero necesito explorarlo tranquila y vos te mereces seguir creciendo tranquilo. Dejemos de forzar las cosas y aceptemos que ya no somos los pendejos (niñatos-chavales-gurises, chivolos) que empezamos todo esto. Hemos cambiado y eso está bien.

Esta conversación tuvo lugar en un bar con mi hija de 2 meses prendida al pecho, bajo su estupor y mi convicción brutal.

En 45 minutos se terminaron 5 años que me abrieron la puerta a un mundo nuevo: los negocios digitales.

Me sentía LIBRE, LIVIANA Y EXTASIADA.

Una vez más, todo era posible.

Había aprendido tanto para desarrollar mi empresa, que podía ayudar a otras personas a hacerlo también.

En ese momento ya me había formado en Biografía Humana y atendía sesiones individuales y grupales, ofrecía círculos de mujeres por varias ciudades de mi país. Todavía no había llegado a mi vida el Diseño Humano, el Eneagrama, la Neuroplasticidad y mucho menos me reconocía como una persona espiritual.

Pero por primera vez me permití unir: la indagación personal con el desarrollo de los negocios.

Mis mayores aprendizajes fueron:

1-Que las personas con las que nos asociamos o armamos equipo en un momento de nuestra vida, están constante desarrollo y si no prestamos atención esas pequeñas diferencias nos van alejando día a día. ¡Hasta que al mirar atrás no podemos comprender que hacemos a su lado!

Mientras antes lo mires, antes dejaras de friccionar y forzar.

2-Que todas las bajezas que tolere de su parte estaban enraizadas en creencias que yo tenía en interior. El sólo me las exteriorizó de una manera contundente. Las personas a nuestro alrededor pueden ser grandes espejos de nuestros mayores desafíos internos ¡Y por ello se merecen nuestro amor!

3-Que aprender a poner los limites es una tarea constante, porque lo que ayer se sentía bien hoy puede que no. Tenemos que sentirnos capaces de cambiar también en lo que está permitido en nuestros vínculos. Yo cambié mis límites y di un tiempo de adecuación, cuando vi que no era posible decidí irme.

4-Toda experiencia nos construye por dentro. No sería la profesional que soy hoy si no hubiera pasado por cada uno de esos momentos. No existe pasado que merezca ser negado. Todo este capital me sirvió para generar el negocio que tengo hoy y acompañar a cientos de mujeres.

5- Es imprescindible cerrar los procesos desde la gratitud aunque haya dolor. Tanto en mi trabajo en relación de dependencia como en esa sociedad me fui llorando, porque espere demasiado, pero eso no quitaba la calma en mi corazón. Porque había dado lo mejor de mí, por mí. Y eso era suficiente.

¿Te has sentido reconocida en alguna de estas situaciones?

Nuestro camino de crecimiento y expansión requiere de decisiones valientes a nuestra verdad que está en constante movimiento.

Eso es lo que te hace una profesional excelente, comprometida y dispuesta a cumplir el potencial de su alma.

2- Los saltos al vacío

"¿De qué vas a vivir? " Fue la pregunta que me gritaron al unísono mis padres por teléfono cuando les conté que había disuelto la sociedad en la que había trabajado tanto durante 5 años.

Lo recuerdo como si fuera hoy, yo con mi bebe dormida en la mochila y toda mi alegría de haberme sacado una mochila de encima.

Pero claro, ellos sesgados por su preocupación de padres ellos solo veían mi indefensión.

Y no se equivocaban tanto, porque los meses que siguieron fueron los más duros que viví económicamente.

Con mi pareja ajustamos al máximo nuestros gastos y nos enfocamos en lo prioritario.

Estos saltos al vacío nunca hubieran sido posibles si no lo tuviera a él como paracaídas. Recuerdo que me dijo *"Si vos estas bien, la bebe estará bien y todos estaremos bien"*.

Quizás sean las ventajas de tener una pareja 16 años mayor que yo, que en algunas cosas ya está de vuelta y me comparte esa tranquilidad. Pero agradezco profundamente haberlo vivido así.

Mi objetivo estaba claro: Tenía que enfocarme en hacer crecer mi negocio digital incipiente con una bebé en brazos (y todo lo que eso conlleva) sin que afectara la maternidad que quería llevar.

Lo primero que hice fue detectar que era lo que tenía en mi mochila de recursos:

-Mis herramientas

-Mis habilidades

-Mi experiencia

-Mi producto: (en ese momento mi primer libro en formato físico y anotadores del mismo)

De ahí surgieron los primeros grupos online de indagación, los talleres presenciales para trabajar diferentes aspectos que mezclaban la indagación personal y los negocios.

Y mientras tanto continuaba en permanente formación con ojeras de koala pero una motivación brutal.

Aparecieron las primeras clientas de mentoria 1:1 y las grandes satisfacciones de los resultados que obtenían las mujeres en los procesos grupales.

Surgió el segundo y tercer libro en menos de un año.

Y ahí, encendida y motivada en lo que me hacía sentir súper útil, apareció para quedarse el Diseño Humano y el Eneagrama ¡Que me volaron la cabeza!

Fue una gran revolución personal porque pude comprenderme como nunca antes y también porque pude empezar a ofrecerlo a las personas que confiaban en mí.

Todavía no había llegado la Neuroplasticidad y el trabajo espiritual, pero ya empezaba a darme cuenta que el campo de posibilidades se había abierto de manera infinita.

Comenzó un largo proceso de experimentación y exploración que me brindó muchas enseñanzas.

De esta etapa lo que me llevo es:

-Cuando tomamos decisiones a favor de nuestra verdad y lo que realmente necesitamos el Universo siempre responde.

Las posibilidades que me surgieron en ese entonces eran impensadas unos meses atrás. Fue cuestión de cambiar la frecuencia para cambiar mi realidad.

-Cuando estamos en nuestro camino nuestro auto concepto mejora y podemos ofrecer mejores productos y servicios a quienes nos elijen. Porque creemos 100% en lo que hacemos.

-Estamos en permanente evolución y vivir cada etapa desde la presencia consciente es lo que nos transforma. *"Amar la trama más que el desenlace"* dice Jorge Drexler.

¿Te has sentido reconocida en alguno de estos momentos?

Los saltos al vacío son una constante en la vida y en los negocios, es la experiencia que vamos adquiriendo la que nos permite aterrizar sin turbulencias o elegir cuando es momento de lanzarnos o dejarlo pasar.

Sabiduría pura y dura.

Escudriñar entre nuestras habilidades en busca de nuestra MANERA UNICA de expandir nuestro negocio y servir a los demás se vuelve más sencillo cuando conoces tu esencia y sabes lo que necesitas para hacerla crecer.

3- La pérdida de identidad y los fracasos

Después de los grandes descubrimientos en lo que podía ofrecer a las personas que trabajaban conmigo y de la potencia del Diseño Humano y Eneagrama me zambullí de lleno a buscar MI MANERA DE HACERLO.

Para ello fracasé 13 veces seguidas.

Si. 13 experimentaciones que no tuvieron los resultados deseados.

Algunas se llevaron a cabo y otras no, pero ninguna fue de la manera que yo me había planteado.

¿Qué hacía entre una y otra?

Analizaba y estudiaba, ajustaba y volvía a intentar.

Analizaba y estudiaba, ajustaba y volvía a intentar.

Analizaba y estudiaba, ajustaba y volvía a intentar.

Así 13 veces.

Pero yo sabía en lo profundo de mi corazón que debía seguir, había una fuerza que me llevaba.

Para ese entonces se habían acumulado 2 libros más, unos cuantos cursos, programas y más clientas satisfechas en mentoria 1:1.

Pero yo seguía buscando esa MANERA UNICA MÁS GRANDE que no encontraba.

En un momento me agoté. La angustia y desazón me ganaron y decidí dejar todo.

Yo realmente quería contribuir y sabía que tenía mucho para aportar, pero no terminaba de trascender más allá del punto en el que estaba.

Me tomé un descanso y me permití jugar.

Me abrí una cuenta de instagram de cero con otro nombre y empecé a compartir lo que me surgía espontaneo. Sin planes ni estrategias ¡Estaba hasta las narices de todo eso! Simplemente compartir.

Pasaron unos meses en donde solo continuaba con mis sesiones 1:1 y esta cuenta fantasma.

Hasta que empecé a ver las creencias que me habían estado limitando, descubrí mi espiritualidad pujando por salir y como mi mente me estaba condicionando.

-Me daba miedo mostrar lo que realmente creía. ¡Y ese era mi mayor diferenciador! Trabajé mucho en mi empoderamiento.

-Seguía temiendo ser vista, la visibilidad me abrumaba. La creencia de que si me veían estaría expuesta a ser dañada seguía forjada en mí ser.

-Estaba a medias tintas, no me zambullía de lleno en mí misma. Por tanto, mis resultados también lo eran.

La neuroplasticidad y la espiritualidad habían llegado para quedarse y completar mi MANERA UNICA: SISTEMA COHERENCIA ESENCIAL

Ahí con todas las piezas encajando volví a la carga en EL ALMA ES INDESTRUCTIBLE y realicé los ajustes que se alienaran con mi verdad.

-Eliminé toda mi base de datos y empecé de cero, porque me di cuenta le estaba hablando al cliente que yo quería. ¡Por eso me llegaban personas que no estaban en mi misma sintonía!

-Borré meses y meses de contenido de mis redes, porque no tenían nada que ver con lo que yo quería ofrecer ¡Mi mensaje se había tergiversado con las opiniones de una community que no veía lo mismo que yo!

-Deje de seguir a personas y eliminé seguidores ¡Me adueñé de mi propia comunidad y dejé de resignarme a *"lo que venga y como venga"*.

-Eliminé todas mis campañas de publicidad que aunque no estaban activas, no quería ni tener esa frecuencia ahí.

-Borré todos los post del blog y lead magnet ¡Era hora de elevar el nivel!

-Reestructuré mi web de principio a fin y surgió mi escuela online. Comencé a formarme en neuromarketing emocional especializado en webs de la mano de uno de mis mentores.

Y ahí... con los patitos en fila, el agua volvió a correr y el negocio empezó a expandirse.

Una vez más había vuelto a mi verdad y había tomado decisiones coherentes. Y la vida había respondido.

¿Cuáles fueron los errores que me llevaron a estos aprendizajes?

-Me había dejado llevar por lo que "debía" hacer: retos, experiencias, lead magnet, webinar, experiencias de 3-5 días, lanzamientos grandes, chicos, internos, retos de whastsapp, de telegram, de mail, online, offline y ¡Hasta el infinito y más allá!

-Me había perdido entre tantas sugerencias y afán de experimentar y explorar.

-Le había estado hablando a una clienta por debajo del nivel que yo realmente quería y entonces generaba confusión, desintegración y las ventas no fluían.

-La falta de consciencia de mis creencias limitantes me había dejado en automático tomando decisiones que me alejaban de quien soy.

-Había lanzado productos y servicios sin validarlos previamente en chiquito, había desperdiciado mi energía sin garantías de nada y me costó caro.

Fueron unos meses muy intensos, de mucho trabajo y mucho desgaste. Pero no los quitaría de mi camino, porque me dieron un amplio abanico de experiencias que hoy puedo poner al servicio de las personas que acompaño.

¿Te has alejado de tu verdad por seguir mandatos internos y externos?

En este mundo de intoxicación y tanta homogeneización es muy peligroso caer en tratar de seguir al pie de letra todos los consejos. No es que pueden ser contraproducentes, sino que realmente pueden llevarte al agotamiento total. Nada más alejado de lo que vos estas buscando.

Cuando conocemos nuestra esencia tenemos un lente que hace de filtro y nos permite tomar esto de aquí y esto de allá, hasta que podemos descubrir esa manera alineada con nuestra verdad. Es un proceso indispensable para que tu negocio se expanda.

4- Los negocios esenciales

Volver de aquella época de desintegración y confusión fue como volver de un secuestro extraterrestre.

Vinieron épocas de mucha reestructuración interna, limpieza de mi ecosistema digital y duelos emocionales por proyectos que me hubiera encantado que funcionaran... pero no lo hicieron.

Tuve que armar un nuevo acuerdo interno de lo que quería para mi futuro en mi negocio y de esos límites que no iba a volver a cruzar.

Y, sobre todo, me permití ser guiada paso a paso por una energía mucho mayor que yo. Fui descubriendo el camino día a día, proyecto a proyecto. Entregando lo mejor de mí en cada propuesta.

El trabajo se volvió fluido y placentero, sin desgaste de energía, tiempo ni dinero.

Desde ese estado alineado llegaron grandes invitaciones de trabajar junto y para personas que admiro mucho. Pude acceder a formaciones que elevaron mi nivel como profesional en lo sustancial: diseño humano, eneagrama y neuroplasticidad; en lo estructural: negocios de alto nivel y en lo espiritual.

Mi negocio actual tiene un crecimiento anual de un 300%. Supero mis objetivos económicos una y otra vez.

Trabajo con las personas comprometidas, expansivas, genuinas e inspiradoras que me llenan el corazón.

Tengo la libertad de tiempo, energía y dinero para crear programas que no existen en ningún lugar desde la diversión y el gusto de servir.

No trabajo más horas de las que realmente siento que puedo y me dedico a estar presente para mi familia y mi misma.

Cada noche cuando me voy a la cama, me siento en plena gratitud, porque sé que con mi Negocio Consciente estoy contribuyendo en la evolución de la consciencia y eso me hace feliz.

Quiero ayudarte a lograrlo también.

3. Los negocios conscientes

1-¿Qué son los negocios conscientes?

Un negocio consciente es aquel plenamente alineado a sus más altos valores y dispuesto a hacer de ellos su mayor ventaja competitiva.

También es aquel en el que sus líderes y las personas que componen y dan vida a sus servicios están dispuestos a accionar en profunda conexión con esos valores porque forman parte de sí mismos.

Las decisiones se toman desde ese lugar sin dudas ni cuestionamientos, evadiendo las modas, costumbres y tendencias aunque signifique hacer las cosas diferentes.

El ADN de un Negocio Consciente es la coherencia profunda y valiente con los valores elegidos como parte de su esencia.

Lo más complejo en estas organizaciones es gestionar el negocio desde esa coherencia, porque las distracciones se vuelven invisibles y casi imperceptibles. Es por ello que las personas que dan vida a este negocio deben estar igualmente comprometidas para que se posible y sostenible.

2-¿Qué no es un negocio consciente?

Un negocio que enumere hacia afuera valores que no respeta en el interior.

Que ajuste o modifique esos valores a las tendencias del mercado para sacar más provecho.

Que no eleve la competencia y la conversación a otro lugar.

Cuyo impacto en sus consumidores, sociedad y planeta sea negativo.

3-¿Cuál es el framework de los Negocios Conscientes?

A-Consciencia

El primer elemento es la consciencia sobre la esencia de ese negocio. Esto quiere decir:

a-Los valores que para ellos son innegociables

b-De que manera aportan valor al mundo

c-Como hacen de ello su mayor ventaja competitiva.

d- Cual es la estrategia para obtener mayor rentabilidad en profunda coherencia con los puntos anteriores.

Para definir los valores innegociables es importante ser sinceras respecto de QUE estamos dispuestas a sostener, por qué algunos pueden verse y "sonar" muy en la web, pero si no estamos dispuestos a accionar en coherencia, no estamos hablando entonces de un negocio consciente y no cumplimos con el primer elemento del framework.

Por ejemplo, en mi negocio la personalización es un valor innegociable. No estoy dispuesta a atender a mis clientas de manera generalizada o superficial porque va en contra de mí misma y de lo que mi negocio ha venido a ofrecer al mundo como canal.

Integrar y aterrizar ese valor me lleva a responder las siguientes preguntas que te invito que te hagas:

¿De qué manera eso se refleja en la comunicación con mis clientas? ¿Cómo lo muestro a potenciales clientes?

¿De qué manera eso se convierte en mi ventaja competitiva?

¿Qué decisiones estratégicas debo tomar para que esto forme parte del plan de mi negocio?

¿Cómo esto afecta a mis productos y servicios?

¿De qué manera contribuye a los mismos?

¿Cómo puedo contribuir más a mis clientes con él?

¿Qué debo dejar de hacer? ¿Cuál es el costo de oportunidad de priorizar este valor y accionar en coherencia?

¿Qué puedo hacer gracias a este valor que mi competencia no hace?

¿Cómo puedo aportar más valor a la sociedad y el mundo gracias a él?

Como verás, es algo mucho más profundo que "solo colocarlos" en la home de la web o en la bio de las redes sociales.

Es plantar la semilla de lo que será la columna vertebral de todo tu negocio.

B-Observación y Respeto

En un negocio consciente no solamente se escucha para reaccionar a lo que los clientes dicen o hacen. Sino que se observa con calma, con respeto y humildad.

Porque es en esa escucha donde se detectan oportunidades en las que podemos contribuir de un manera diferente.

Es esta capacidad de observación atenta y libre de prejuicios la que puede marcarte una evolución que no habías imaginado para tu negocio y para vos.

En ningún momento en los negocios conscientes nos olvidamos que sólo somos personas, aportando y sirviendo a personas. Esta escucha activa es lo que nos ayuda a anticipar necesidades y crear soluciones que aporten más valor al mundo.

Para aterrizar este punto, te invito a que te hagas las siguientes preguntas:

¿De qué manera estas dejando este canal de escucha y observación?

¿Qué preguntas haces para obtener respuestas relevantes?

¿De qué manera tus clientes y comunidad de proveedores y empleados pueden acercarse más?

¿Cómo perciben la confianza tus clientes?

¿Permitís la vulnerabilidad y las personas a cargo saben sostenerla?

Si quieres construir negocios conscientes que evolucionen de la mano de las personas que has nacido para servir, es imprescindible que estés dispuesta a salir de tus propios esquemas mentales y estructuras psíquicas para observarlos, respetarlos y ayudarlos.

C-Coherencia

La coherencia es la alineación entre aquello que se piensa, se dice y se hace incluso cuando nadie te ve.

Es tan importante el back office como el front office.

Es la coherencia entre tu plan de negocio y hacia donde vos quieres ir con tu vida.

La coherencia entre los espacios que llenan tu alma y lo que más puebla tu agenda como líder.

La coherencia entre lo que esperas para tu negocio en respeto a tus objetivos y lo que das más prioridad en tu día a día.

La coherencia con la que escribís cada mail, que recibís a cada empleado o contactas con cada proveedor. Es el primer contacto con un cliente y hasta el último también.

Es la comunicación regular con ellos y como los tenes en cuenta en cada decisión que tomas.

Coherencia es todo lo que hace rentable a tu negocio y la importancia que le des dentro del mismo.

Cualquier desfasaje que exista en cualquiera de estos puntos genera una inconsistencia y el Universo no trabaja con inconsistencias. Por tanto, las cosas no fluirán tal como deberían.

No se trata de ser mejores o ser perfectos, sino de ser humanos, humildes y comprometidos en regresar al eje cuando nos desviamos de él.

D-Acción

En un mundo agitado y lleno de información lo más importante para un negocio consciente es que puedas parar a escucharte y registrar todos los puntos anteriores, para que la acción inspirada que tomes este sostenida en estas raíces profundas.

No se trata de hacer todo el rato o de hacer más que los demás, sino de accionar en coherencia con tu ADN, con tu esencia y con la verdad que sostienen en el negocio consciente.

Quizás para algunos en algún momento signifique hacer más cosas, pero no tiene por qué ser así para todos.

Salirse del ruido y volver a la frecuencia única de esos valores, esa escucha y esa coherencia.

Una líder consciente con esta información ya tiene todo lo necesario para poder tomar las decisiones y pasar a la acción.

Esto es muy importante porque aunque se trate de accionar en pequeño debemos movernos: a veces sólo se trata de un mensaje, ajustar un lanzamiento, mover un calendario, cerrar un servicio, abrir uno nuevo.

Pero debemos tomar acciones para con ello demostrarle al Universo entero que estamos dispuestos a hacer nuestra parte.

Las acciones conscientes te serán dadas en cada paso, se van develando cada día. Tu trabajo es saber escuchar, saber estar presente y responsabilizarte con información objetiva de las decisiones.

Las acciones conscientes te guían hacia tu evolución y la de tu negocio, no es tu mente.

4. ¿Cuáles son los indicadores del éxito alineado en un Negocio Consciente?

Voy a compartirte lo que para mí es crucial cuando hablamos de un liderazgo consciente de nuestra vida y nuestro negocio.

Todo se resume en la PAZ ENERGÉTICA, EMOCIONAL Y ESPIRITUAL.

a-Paz energética

Si al mirar hacia atrás en estos 12 meses observo que tuve desgaste energético, desintegración, enfermedades, dolores de cabeza y falta de vitalidad, creatividad e impulso para poder realizar todo aquello a lo que el Universo me fue "invitando" (recuerda que soy proyectora)... entonces no hubo paz energética.

Porque si soy soberana de mi propio campo energético, eso quiere decir que tomo decisiones conscientes para poder decir que NO a aquello que no me suma y puedo dedicarme con compromiso y perseverancia en aquello que realmente me llena.

Todo lo demás es distorsión, desintegración y por tanto.... No transmite mi camino expansivo alineado.

Ahora te invito a que te preguntes *¿Cómo ha estado tu paz energética en este año?*

¿Qué deberías cambiar para el año próximo?

B-Paz emocional

Si al mirar estos 12 meses no tuve espacio para sentir, madurar y atravesar las emociones profundas que inundaron mis días ante los cambios de mi vida... entonces no hubo paz emocional.

Porque en este sentido no se trata de no sentir nada o "tenerlo bajo control", sino de atravesar las emociones en paz, con calma y aceptación. Dándoles el lugar que les corresponde y dejando que me cuenten verdades profundas de mi alma.

Si yo no tengo ese lugar de integración y asimilación, si no puedo darme mis momentos de maduración... si las personas a mi alrededor no pueden aceptar mis limites o escuchar mis verdades... entonces no hay paz emocional.

Para las personas que tenemos el plexo solar indefinido como yo, puede ser menos revoltosa esta paz, porque nuestra tendencia natural es hacia la quietud. Pero eso no significa que nosotras no sintamos grandes verdades aflorar a través de nuestras emociones y que tengamos que aprender a gestionarlas.

Este 2022 fue revolucionario para mí y he invertido mucho tiempo (y dinero) en adquirir herramientas que me ayudaran a lograr esta paz emocional.

Te pregunto entonces:

¿Has tenido esta paz emocional durante este año?

¿Qué te ha quitado de ese espacio?

¿Qué decisiones debes tomar para hacerlo diferente el próximo año?

c-Paz mental y espiritual

Si al mirar estos 12 meses observo una obsesión por querer controlar las cosas, tener todas las respuestas, dominar todos los caminos y querer que todo sea tal como yo lo planeo… entonces no he estado en una frecuencia de paz espiritual.

Porque en este sentido, se trata de poder atravesar TODOS los desafíos diarios de tu vida desde la confianza radical en que todo sucede con un propósito de expansión, amor y crecimiento.

Aunque mi mente no lo entienda, aunque no tenga todas las respuestas, aunque no sepa el para qué.

Mirar hacia atrás y encontrar paz espiritual significa que he sido de confiar en mi alma aun cuando no veía manifestaciones externas. Que me he lanzado al vacío una y mil veces porque sabía que la red aparecería sin dudar.

A este punto no se llega sola, yo he caminado mucho y me he dejado sostener en mi camino espiritual para poder llegar hasta allí.

Ahora te pregunto:

¿Has intentado controlar tu 2022?

¿Te has enojado u ofendido cuando las cosas no salían tal como querías?

¿Qué es lo que más miedo te genera?

¿Qué necesitas para vivir tú 2023 desde la paz espiritual?

Cuando alineamos estos tres puntos es INEVITABLE transitar un camino de expansión, evolución y trascendencia.

De ahí se desprenden los grandes resultados, las grandes recompensas y grandes oportunidades.

De esta alineación se desprenden los milagros y todo lo increíble.

No hay más secreto.

5. ¿Cómo empiezo a alinear mi negocio con mi energía?

Una de las preguntas que más me repiten las profesionales que empiezan a trabajar conmigo es *¿Cómo comenzamos a alinear el negocio con nuestra energía?*

Y esa es una gran pregunta.

En primer lugar, porque significa que la persona está poniendo sobre la mesa su energía y ese reconocimiento hacia sí misma es un acto de valentía muy grande.

En segundo lugar, porque está intentando tomar acciones que le permitan dejar de friccionar contra la vida para ir a favor de su verdad.

Entonces ¿Por dónde se empieza?

Pues, por respeto a la coherencia que rige todo el Universo y la ley del orden que nos permite avanzar en la vida: SE EMPIEZA DE ADENTRO HACIA AFUERA.

Es decir, no podemos buscar afuera un "resultado tangible" que no estamos encontrando adentro nuestro.

El primer paso es reconocer TU ENERGIA UNICA, comprender que es lo que necesita tu energía para avanzar en la vida, para florecer, para dar frutos.

¡Y luego! Desde esa consciencia, crear los canales físicos a través de tu negocio para poder expandir esa energía.

Allá afuera encontramos mil recetas generalizadas de pasos, test y claves que no nos sirven de nada, porque no conocemos la verdadera sustancia.

Si vos quieres alinear tu negocio a tu energía, primero tenes que conocer cuál es tu energía y que necesita para expandirse.

El segundo paso depende del momento en el cual te encuentres con tu negocio, vamos a poner dos supuestos:

1-Si ya tenes un negocio montado, entonces con estas nuevas lentes que te sirven para discernir qué es lo que va mejor con vos, lo que toca es una "purga" de tu ecosistema digital o de servicios.

Pasar por el tamiz de tu energía aquello que está alineado y aquello que no.

Por supuesto que esto varía de acuerdo a si sos generadora, generadora manifestante, proyectora, manifestadora o reflectora.

Una vez que tengas esta limpieza, entonces tendrás el espacio para hacer crecer aquello que realmente es coherente con tu momento actual y tus objetivos.

2-Si no tenes un negocio montado y estas empezando de cero o estas virando de sector, entonces teniendo bien en claro cómo funciona tu energía y que es lo que quieres ofrecer al mundo tendrás más claridad para poder crear los canales alineados con ello.

En cualquiera de las situaciones te puedo asegurar que la clave en esta etapa es atreverte a tomar decisiones valientes en coherencia con tu verdad.

Porque tu mente te dirá mil cosas *"que estas siendo incoherente* (con lo que has hecho hasta ahora y con lo que ella cree que deberías hacer)", *"que no tenes ninguna certeza* (porque lo incierto le genera miedo y se pone en alerta- mejor malo conocido que bueno por conocer)".

Solo vos misma cada noche al ir a tu cama, sentirás en lo profundo de tu corazón que aunque suene TAN RADICAL, por motivos que no sos capaz de explicar racionalmente… te hace sentir en paz, en calma, segura, motiva y entusiasmada.

NO TIENE QUE TENER SENTIDO PARA TU MENTE RACIONAL *(De hecho casi nunca lo tendrá)*.

Pero tu camino hablará por sí solo, porque cuando te animes a dar estos pasos empezarás a sentir como todo se vuelve más fluido y es más orgánico expandirse.

6. ¿Por qué tu negocio consciente no llega hasta las personas que realmente quieres servir?

Cuando comenzamos a trabajar con las líderes de negocio que acompaño, muchas veces ya tienen todo un ecosistema de productos y servicios montado que funciona más o menos bien o más o menos mal.

Pero ellas sienten que NO ESTAN LLEGANDO A LA PERSONA CON LA QUIEREN TRABAJAR.

Quizás las personas que están ahora no valoran su trabajo, no se comprometen con el proceso, no toman acción y dan muchas vueltas, no son independientes o se quedan en la superficie del problema y no quieren profundizar.

Aquí lo primero para trabajar es lo siguiente:

1-¿Qué es lo que realmente quieres compartir con el mundo?

Porque mientras no haya coherencia entre lo que tu alma quiere aportar al mundo y lo que estás haciendo desde tu negocio, no habrá expansión posible.

Por ejemplo, si quieres trabajar con personas comprometidas a trabajar en la profundidad o raíces de su problema para lograr resultados mucho más potentes e integrales:

¿Qué haces hablando sobre la superficialidad del problema?

¿Qué haces dando soluciones superficiales?

¿Qué haces que no estás comunicando la verdadera dimensión de la situación?

Si tu negocio no se está dando ese lugar NO CONECTARÁ ENERGETICAMENTE CON QUIEN HA NACIDO PARA ESCUCHARLO.

Es como pretender tener una conversación en francés y decir "hola" en portugués.

¿Quiénes te responderán?

¿Los que hablan francés? ¡NO!

Los que hablan portugués.

Entonces luego, como líder al mando de la toma de decisiones, la mente te tortura, sentencia, critica y usa esta incoherencia para hacerte sentir que no estas preparada para guiar un negocio de esta envergadura.

¡Por supuesto que no estas preparada porque no estás hablando el idioma correcto!

2- ¿Cuáles son los permisos que debes darte?

Cuando somos conscientes de estas inconsistencias inevitablemente aparecen las resistencias al cambio.

Nuestro ego prende todas las alarmas para mantenernos aferradas al presente doloroso e incómodo, con tal de que no vayamos allí donde es desconocido y no puede controlar.

(En mi experiencia mientras "loco" se pone el ego, más poderoso es el paso que estamos dando a hacia nuestra verdad)

Entonces aquí, como líderes de nuestra energía y su potencial, tenemos la soberanía para dejar ir aquello que nos está entorpeciendo.

Aquí se trata de darnos el permiso de:

a-Dejar ir aquellas maneras de operar, de ofrecer el servicio, de vender un producto, de comunicarte que creaste en un momento con tu mejor intención, energía y amor… pero que hoy te das cuenta que no están alineadas con tu verdad y el camino de tu negocio consciente.

b-Dejar ir a los clientes con los cuales quizás llevas un tiempo trabajando pero que te has dado cuenta el desgaste brutal que suponen en tu energía y decidís que ya no quieres eso en tu vida y en la nueva fase de tu empresa.

c-Dejar ir seguidores, suscriptores, alianzas, colaboraciones, empleados, proveedores, participaciones que supusieron un gran avance en algún momento de tu recorrido, pero que ahora se sienten forzadas y densas.

d-Dejar ir ciertos problemas asociados al cliente con el que estás trabajando ahora y ya no quieres más, para enfocarte en crear soluciones innovadoras para aquel que quieres ayudar. Eso implica salir del ABC conocido y exigirte ir más allá.

e-Dejar ir líneas de negocio enteras que ya no te representan o incluso, sacar del mercado productos que se venden bien pero te hacen sentir mal porque traen más personas de aquellas con las que no quieres trabajar.

3-¿A que tenes que atreverte como líder de un negocio consciente?

Si pretendes dar pasos a favor de esta evolución de tu negocio, entonces tenes que atreverte a hacer cosas que quizás no te hayas animado nunca y que probablemente estén cargadas de un sesgo negativo en tu mente.

Pero todo es una percepción, es una ilusión de tu mente creada para mantenerte anclada en esta realidad en la que no sos feliz y donde tu negocio tiene un éxito mediocre.

Puedo asegurarte que trascendiendo esas barreras de lo que "nunca creíste que ibas a hacer" podrás descubrir maneras mucho más alineadas que seguir las tendencias del mercado ahí afuera.

Acá no digo que salgas a hacer el ridículo, que te fuerces o te dejes llevar por todo lo que tu equipo te proponga… sino que luego de los anteriores pasos completados con compromiso, emergerá de tu interior la claridad de hacer "tal" o "cual" de decir "así" o "asa" y ahí querida líder, deberás animarte a hacerlo.

7. Apartado especial para profesionales de servicios 1:1 o grupales

Cuando era pequeña y me preguntaban que quería ser de grande, siempre respondía "abogada". Nunca supe de donde venía esa convicción, ya que en mi familia no había otros abogados y no había tenido influencias directas sobre eso.

Ya desde los primeros años en la Universidad me sentía como sapo de otro pozo, con una especie de chaleco de fuerza que no me dejaba ser quien era y tampoco me daba libertad.

Aun así, seguí adelante hasta graduarme e intenté con todas mis fuerzas abrirme paso como una abogada. Entendiendo que muy probablemente, no sería una "común".

Sin embargo, en mi oficina, mis clientes pasaban horas hablando conmigo sobre su negocio en general y sobre los problemas que debían trascender. Mi trabajo como abogada especialista en propiedad intelectual se resolvía en los últimos minutos, pero dedicábamos todo el tiempo de las reuniones a compartir sobre su crecimiento.

Ahí fue cuando me di cuenta que lo que realmente me apasionaba era ayudar a las personas y brindarles todo mi conocimiento y experiencia como persona y profesional. ¡Me daba una felicidad inmensa verlos crecer!

Cuando disolví esa empresa tuve en claro que quería continuar trabajando con las personas y contribuyendo en su máximo crecimiento. Decidí que uniría todo lo que ya hacía en mis sesiones como terapeuta con el mundo de los negocios, en el cual me había formado para levantar mi sociedad.

Esas fueron mis primeras incursiones fusionando por primera vez ambas pasiones, entendiendo que sin crecimiento personal no hay crecimiento del negocio.

Desde ese entonces hasta el momento de escribir estas líneas han pasado muchas personas, muchos negocios diferentes, me he formado muchísimo y he aprendido tanto tanto... que sentarme al frente de una persona es un honor inmenso para mí.

Como mentora, sé que te sucede lo mismo. Amas lo que haces y sentís en cada fibra de tu ser el honor que supone ser depositaria de la confianza, vulnerabilidad y escucha de una persona.

Y sé que simplemente quieres que sea más liviano, más llevadero, que no requiera tanto de vos.

En mi camino, he aprendido que eso es posible cuando entendemos que a nosotras nos corresponde solo el 50%.

Trabajar como mentora anclándonos en nuestra maestría energética, mental y emocional significa que harás tu parte con excelencia, desde tu mayor experiencia y conocimientos, pero sabiendo que es solo el 50%.

Sabrás que se trata de abrirte a que una energía más grande y poderosa llene la otra mitad con ideas inmensas, con recursos novedosos, con soluciones creativas.

Cuando entendemos que no depende SOLO DE NOSOTRAS, podemos volver a conectar con el amor inmenso hacia nuestro trabajo y a las personas que confían en nosotras, sabiendo que hacemos nuestra parte de la mejor manera posible y nos entregamos para ser un canal de esa sabiduría infinita, de ese campo de posibilidades inmenso para nuestras clientas.

Y es ahí, cuando los resultados suman mucho más que 100%.

No puedo explicarte en palabras el alivio que esto produce, porque ya no te sentirás:

-Agotada con ganas de no saber de más nadie por el resto de la semana.

-Temerosa de haber dado un servicio a la altura de las necesidades de tu cliente.

-Ansiosa por ver resultados concretos que confirmen la efectividad de tu servicio.

-Drenada por las circunstancias personales de tu cliente.

Podrás conectar de vuelta con la frescura del amor por el cual decidiste ser una mentora, sin que eso atente contra tu energía, mentalidad y emocionalidad.

Eso se logra con prácticas específicas que te ayudan a ganar esa maestría. Desde la mente solo encontrarás fricción, pensamientos repetitivos y limitación.

NO ES FACIL ENCONTRAR Y SOSTENER nuestro rol como mentoras de mujeres líderes.

A veces, no sé si te ha pasado, pero yo me he dado cuenta que buscaba excusas para servir en otros niveles, solo porque no sabía gestionarme con ese nivel de demanda.

Ser mentora de mujeres líderes te pone en un lugar crucial del mundo, porque estas poniendo tus joyas más preciados en manos de mujeres para que brillen y eleven las sociedades enteras.

Directivas, CEOS, Presidentas, todas ellas necesitan un lugar, un espacio seguro al cual volver para poder reconectar con su verdadero potencial.

Vos tenes todo lo que necesitas para ser esa potenciadora, creadora de ese espacio de sanación, claridad, valentía y firmeza.

¿Y porque he decidido agregar este apartado especial aquí?

Porque todo empieza desde la coherencia ¡No podes dar lo que desconoces! ¡No podes dar lo que no te permitís recibir vos misma!

Volvemos al punto crucial del framework de los negocios conscientes.

No podes anclarte en tu seguridad interna si no sabes lo que sucede con tu propia energía, si no podes salirte de los automáticos de tu propia mente o detectar los miedos activos en tu Diseño Humano.

Por eso, quise agregar en este libro un recorrido por 5 puntos muy poderosos para ayudarte.

Acompañar a otras personas en la toma de decisiones de su vida es un trabajo muy honorable, porque es el servicio más puro. Es aportar tus joyas para que otro brille y desde ese lugar sentirte reconfortada con su luz en el mundo.

Ser mentora de mujeres líderes, ya sea en su ámbito personal, familiar o laboral... es ser consciente de que estarás contribuyendo a que esa mujer con ese inmenso potencial direccione sus recursos, dinero, tiempo y creatividad en proyectos que pueden cambiar la vida de miles.

Y ese puede ser uno de tus mayores legados en el mundo.

Pero digamos la verdad ¡No es fácil! Porque no somos un robot o una persona iluminada, somos seres humanos de carne y hueso con nuestras propias emociones, disparadores y altibajos.

Ser mentora de grandes líderes requiere alcanzar una maestría en tu propia autogestión, para poder ser el mejor canal que has nacido para ser. ¡Y eso se aprende y se mejora con el tiempo!

Ya sé que amor, servicio, contribución y responsabilidad te sobran. Lo que quiero aportarte son unos pasos más allá.

a-El primer punto que veremos es comprender como funciona el espacio – vortex- que se genera en tus sesiones

Quiero invitarte a que te imagines que cada vez que vos estas en un encuentro con tu clienta, sea presencial u online, se forma una especie de burbuja energética. Un vortex, un contenedor.

Ese espacio único creado en ese momento específico para ustedes dos.

De esa vivencia compartida en esa burbuja, ambas, tanto ella como vos van a salir diferentes. Simplemente porque la sinergia de las energías de ese vortex creara un impacto en las dos.

Como mentora y líder de cada sesión, es tu rol trabajar en ese contenedor de manera intencionada.

Eso se refiere a 4 elementos específicos:

1-Entender que vos vas a la sesión con tu energía única, es decir con las características de tu propio campo energético o bioforma que ya conoces de tu Diseño Humano y la otra persona va con el suyo.

Aunque no sepas cual es, se produce una interacción entre ambos campos energéticos que genera determinados impactos en ambas.

Como la energía se complementa, mientras más en claro tengas como funciona tu energía en relación a otros, más consciente serás de la dinámica que se propicia de manera natural.

2- Para poder llegar a ese vortex energético de una manera más pura, alineada, fresca y útil para tu cliente, es importantísimo que te tomes un momento para cortar con lo que está sucediendo afuera en tu vida y te concentres en lo que va a suceder en esa sesión.

No me gusta hablar de "tiempos" porque eso es muy personal, algunas necesitan dedicarse una hora antes a enfocarse en la energía, desconectar de lo de afuera y alinearse con el trabajo que harán y otras personas necesitan 10 minutos.

Eso es particular y te invito a que te escuches para que lo descubras.

¿Cómo podes cortar con lo de afuera? A mí lo que más me funciona es sentarme tranquila, cerrar los ojos, ponerme una música que me ayude a bajar las revoluciones, respirar profundo y de manera consciente.

Algunas veces hago balance de chakras, otras activo algunos chakras en particular, en otros uso frecuencias de limpieza o de conexión con la madre tierra.

Lo más importante no es el QUE sino la intención consciente con la que lo estás haciendo.

En este punto se trata de cortar y dejar los automatismos, problemas, miedos, reactividad o incluso alegrías y emociones que se puedan estar sucediendo en tu vida, para entrar a esa burbuja de la manera más limpia posible.

3-Lo tercero es entregarte a una fuerza mucho más grande que vos y que tu clienta para que ese vortex sea utilizado para el mejor propósito. No importa tu dogma, simplemente que invoques y digas literalmente que ofreces ese espacio para que sea un canal de lo que esa alma necesita y de lo que tu alma también necesita vivir como mentora.

Podes decirlo en tus propias palabras, podes buscar alguna frase inspiradora, podes usar un fragmento de lectura, lo que sea que te conecte y se sienta natural en vos. No lo fuerces, simplemente entrégalo al Universo, vida, Dios, Madre Tierra, energía pura o en lo que se sienta correcto.

En este momento es importante que pongas la intención de lo que quieres trabajar en esa sesión. Imagínate que estas pidiendo que a esa burbuja ingrese una energía en concreto.

Por ejemplo, cuando yo tengo las sesiones de negocios esenciales pido que ese vortex sea sostenido por la energía de la claridad, de las ideas creativas y de la valentía y confianza radical. Cuando hago sesiones más personales pido que sea la energía del amor, la compasión, la sanación y la transformación las que sostengan el vortex.

Al hacer esto reconocemos que solo somos un canal y que en esa sesión no depende todo de nosotras y de lo que nuestra mente pueda pensar, entender, comprender o solucionar. Sino que estamos siendo sostenidas y guiadas por una energía mucho más grande que yo ¡Y créeme! Empezarás a sentir como durante la sesión "llegan" ideas o ejercicios o conexiones que a vos no se te hubieran ocurrido jamás.

Es maravilloso vivirlo de esta manera.

4-Por último, así como tuviste la precaución de abrir este vortex, poner la intención e ingresar de la forma más pura posible...es trascendental que al finalizar la sesión cierres ese espacio energético para que no siga anexado a vos el resto del día o la semana.

En las sesiones vivimos cosas muy intensas, salen a la luz emociones, deseos, dolores y decisiones muy poderosas. Es muy importante que sepas vaciarte de todo eso entendiendo que el trabajo ya está hecho.

Una vez ¿Cómo lo hacemos? De la forma más natural para vos, puede ser una práctica de respiración consciente, un baño, una caminata, una siesta, una meditación, un balance de chakras... lo que se sienta bien.

Si te recomiendo por un tema de comando de tu propia energía, que tanto al ingresar como al salir de la sesión digas en voz alta que cortas, dejas y sellas toda la energía de esa sesión. Es como cerrar la puerta de un auto que se va.

Se cierra y se va

Ya no quedas pegada a eso.

Te puedo asegurar que implementando esto desde ya, vas a ver un cambio radical en tu gestión energética de tus sesiones de mentoria.

2-El segundo elemento para potenciar nuestro trabajo como mentoras de líderes de alto impacto es ser consciente de como tu permeabilidad única va a marcar la dinámica de tu trabajo.

Es decir, tu propio campo energético (diferente del mío) va a tener un impacto energético en el otro y viceversa. Por tanto, como te compartía en el anterior audio, lo que se genere en esa burbuja será único.

¿De qué hablo cuando me refiero a la permeabilidad?

No puedo en este apartado hablar específicamente de tu Diseño Humano, pero a modo de resumen recordemos que tenemos 9 centros energéticos que están vinculados con diferentes aspectos de nuestra vida.

Algunos de ellos están definidos, es decir que tenes energía disponible siempre en ellos y, por tanto, impactan con su energía hermética en los demás. Sos una dadora de energía en esos ámbitos. Tu energía emana, irradia y llega a los demás.

Mientras que en los centros indefinidos, no tenes energía disponible sino que percibís y amplificas la energía de los demás. Por tanto, aquí sos una receptora y maximizadora de esa energía. Tenes más diversidad, más permeabilidad, más versatilidad y más sabiduría.

Por ello, de acuerdo a como sea tu Diseño podemos ver que será más permeable o menos permeable en base a la cantidad de centros que tenga definidos.

¿Y eso porque importa?

Porque si tu diseño es más hermético, significa que dentro de la sesión serás dadora de energía, surtidora de energía para tus clientes. Eso quiere decir que cuando estén dentro de ese vortex con vos accederán a ciertas percepciones o claridad que de otra manera no podrían.

Eso puede ser muy revolucionario y transmutador para ellas, puede acelerar muchos procesos y llenarlas de un chute de energía ¡Lo cual está muy bien! Pero también, al proveer de esa energía vos quedarás más cansada al terminar.

Nada está bien ni mal, lo que quiero decirte es que comprender esto te permitirá tomar mejores decisiones, por ejemplo de acuerdo al tiempo de las sesiones, los intervalos entre unas y otras, lo que harás al finalizar para regenerarte, etc.

Y ¡por supuesto! Esta característica es parte de tu valor diferencial a la hora de comunicar tu trabajo. Porque la persona accederá a energía que le aportará claridad que no tenía antes y eso vale mucho.

En cambio, si tu diseño es más permeable, sucede lo contrario. Por naturaleza de la energía es muy probable que atraigas personas que tengan más centros definidos. Entonces, vos podrás percibir su energía y amplificarla.

Es como meterte dentro de sus entrañas y sentir lo que esa persona no puede ni poner en palabras quizás. Gran parte de tu trabajo diferencial será recibir esa energía y ayudar a tu clienta a gestionarla en el ámbito concreto que estén trabajando juntas.

Pero, como te decía, AMPLIFICARÁS su energía y eso puede dejarte muy cansada. Por eso, en ese caso es de crucial importancia que realices las prácticas finales de limpieza energética para que no se te quede nada en tu campo.

Serás mucho más versátil y si te pones a ver, seguro que tus clientes entre sí son sumamente diferentes y podes acompañarlas a todas desde un lugar muy camaleónico.

¿Cómo saber en qué aspectos son más hermética o permeable? Eso depende de tus centros energéticos en concreto. A groso modo podes mirar tu gráfico y ver de los 9 cuantos tenes definidos y cuantos no.

c-El tercer punto crucial tiene que ver con la importancia de tu rol energético dentro de tu trabajo como mentora.

Es decir, sabemos que tu rol como mentora es acompañar, guiar y ayudar a una persona ante una determinada circunstancia de su vida, negocio, emociones o pensamientos, anclándote en tu experiencia personal o en las personas que has ayudado antes a lograrlo.

El jugo como mentora es que tenes esos kilómetros andados y eso te permite saber lo que esa persona está sintiendo, necesitando. Como ya has pasado por eso o has acompañado a otros, tenes el mapa completo y esa visión te permite guiarla.

Lo que te quiero proponer en este punto es ir un poquito más allá, porque desde tu energía única tenes una manera ESPECIAL de ejercer ese rol.

Eso viene dado por tu perfil energético que te marca tu personaje energético, tu manera de estar en el mundo alineada a tu energía.

Y en ese sentido, podes ser una mentora que ayude a sus clientas anclándose en:

Sus investigaciones, profundización, estudios y experiencias personales devenidas de ese lugar.

En una sabiduría innata o don concreto que tenes identificado claramente (en mi caso personal se trata de mi inteligencia emocional y soy una mentora anclada en ese lugar)

En tus fracasos, experiencias, experimentaciones, pruebas, errores, combinaciones y todos los desafíos que has ido aprendiendo.

En tus experiencias devenidas de tus vínculos, del fortalecimiento de los mismos, de la nutrición, de la salud y de la evolución (esto puede incluso hacerte virar tu nicho para ir a un súper nicho)

En tus soluciones innovadoras, en tu manera de trascender las crisis, de ver con claridad en el medio de procesos de transformación y de cambio. Esto también te permite identificar un nicho específico de personas que necesitan esa claridad en momentos de cambio.

En una combinación entre tus experiencias y errores con tu visión más elevada. Muchas mentoras tienen esta energía, porque justamente es la energía que te ayuda a ir más allá.

Todas las personas tenemos la combinación de dos de estas (una de manera más consciente y otra de manera más inconsciente) cuando podemos tener claridad sobre esto, lo usamos como un lugar de apalancamiento y construcción de nuestro camino con nuestras clientas.

¿Sabes qué? Incluso nos permitimos serlo. Porque muchas veces no dejamos que aflore ese rol energético solamente porque para nuestra mente o "deber ser" se supone que no deberíamos.

Tu manera de acompañar a las líderes que confían en vos está anclada en el rol que has venido a desempeñar en este mundo, sino, no tendría ningún sentido. Sos vos quien tiene el deber de anclarse en ese rol y dar lo mejor de sí misma.

d-En este punto es importante comprender tus zonas de fortaleza para sostener el trabajo

Con esto me refiero a que, como ya sabes, cada tipo energético tiene su propósito y contribución al colectivo y para ello su campo energético tiene ciertas fortalezas que le permiten realizar su trabajo.

Básicamente, ya sos el vehículo perfecto que necesitas para avanzar en tu recorrido vital.

En este punto lo que te invito es a que comprendas cuales son las fortalezas que te permiten afianzarte para sostener a tus clientas desde ahí.

¿Cuáles son las joyas que vas a traer a esa burbuja de trabajo?

¿Qué es lo que vas a aportar?

En el primer punto hablamos de este vortex que vas a crear y sostener con tu energía.

En el segundo la importancia de comprender cuan permeable o hermético es.

En el tercero vimos tu rol energético que perfila tu servicio más alineado dentro de tu mentoria.

Y ahora hablamos de las zonas de fortaleza que te anclan a la tierra

Esto deviene de los centros energéticos definidos de tu diseño humano y poder comprenderlo con claridad te ayuda a usarlos de manera consciente e intencionada a tu favor.

¿Será una inspiración permanente? ¿Un acceso a un torrente de ideas que puede volverse abrumador? ¿Será que sos fuente de inspiración para otros?

¿Serán unas gafas muy propias para ver el mundo? ¿Foco en una manera de hacer las cosas?

¿Será que das voz a las personas?

Puede que incluso sean muchas de estas fortalezas a la vez ¡Comprender esto te permite accionar con coherencia! Porque sabrás cuales son las joyas que aportarás a este vortex para contribuir en la mayor expansión de tus clientas.

Tal como te mencionaba en el punto anterior, son nuestras creencias limitantes quizás asociando esa fortaleza a algo "negativo" o fuera de lugar para una sesión de mentoria, son las que te están impidiendo usar uno de tus mayores activos.

Es tu trabajo descubrirlo y potenciarlo dándole su verdadero lugar, tus clientas lo necesitan. Por eso están ahí.

e-Tu anclaje interno

En este último punto quiero comentarte algo trascendental como mentora en general, pero en particular como mentora de grandes líderes.

Somos humanas, vos y yo. Entonces desde esa consciencia es muy importante que sepas como salir de tus propios automatismos, creencias limitantes y techos energéticos.

¿Quieres comprender tus mayores superaciones? Observa lo que han superado tus clientas

¿Quieres detectar tus mayores retos en tu evolución? Mira los retos que están atravesando tus clientas.

Realmente nuestro camino de trascendencia está ligado a nuestro trabajo, en la medida que quitamos un velo y avanzamos podemos ayudar a otras personas a lograrlo.

Por eso, la mentalidad, creencias y capacidad de sostén energético de ese vortex creado intencionalmente marcan la diferencia entre lo que es posible con una mentora o con otra.

Si fueras mentora de negocios digitales y yo quiero facturar una cifra que para vos es abismal y no crees posible... tus creencias limitantes estarán tiñendo nuestro trabajo juntas.

Por eso es importante tener esa zona de anclaje, para que puedas quitarte todo aquello que trabe la expansión de tus clientas y te permita a vos ser un verdadero canal.

Ellas son mujeres líderes y toman decisiones acojonantes a diario, es muy fácil que te intimides y sientas que "Recae sobre tus hombros el peso de sus decisiones". Porque, una vez más, somos humanas y nuestro ego nos pone en el centro de la ecuación.

En cambio, cuando logramos sostener esa ancla interna, nos damos cuenta que solo somos un canal para que esa persona reciba la información que necesita en este momento y que pueda avanzar de acuerdo a su experiencia vital, su propio recorrido.

Como confiamos en la vida, confiamos también en que las decisiones que ella tome alineadas a su verdad harán parte de su camino.

Confiamos en que lo lograra, confiamos en que aprenderá, confiamos en que lo resolverá, confiamos en que lo que suceda será para su mayor bien.

¡PORQUE NOSOTRAS VIVIMOS ASI NUESTRO DIA A DIA!

Porque nosotras hemos trascendido muchas circunstancias difíciles y nos anclamos a ese lugar.

Hemos caminado en la incertidumbre, la desazón y el miedo… ancladas a nuestro interior.

Nosotras nos hemos abierto a vortex mayores, nos hemos dejado sostener, hemos hecho saltos quánticos inexplicables para nuestra mente… por eso sabemos que es posible.

Tu mentalidad tiñe el vortex y eso puede catapultar a tu clienta o limitarla.

Ella está confiando plenamente, por eso es muy importante que vos hagas tu parte en quitarte esos velos para ser el canal más limpio que puedas ser en este momento. No se trata de perfección, sino de hacerlo de manera excelente cada día.

Puedo haber tenido una mala noche con mi hija, estar cansada o haber tenido mucha demanda energética en la mañana, pero en diez minutos hacer un stop sumergirme en este vortex creado con una intención concreta, dejar afuera todo y entrar en una frecuencia en donde soy canal.

Esto es lo que yo digo:

"Me abro a ser un canal de tu energía

Que mis palabras sean tus palabras

Que mi visión sea tu visión

Que mi amor sea tu amor

Que mi voz sea tu voz

Quita y limpia de mi campo energético cualquier limitación, creencia, frecuencia distorsionada, patrón energético que no esté alineado a la frecuencia del amor, de la claridad, de la abundancia y la compasión.

Te entrego mi ego, mis creencias, mis juicios, mis prejuicios, mi necesidad de agradar y ser reconocida.

Me abro para ser un canal en este momento y que cada alma se lleve lo que necesita escuchar, vivir y transmutar. Gracias"

Te puedo asegurar que cuando he finalizado sesiones con mujeres y hombres que admiraba muchísimo no he podido creer como pude ver, decir, poner en claro y alinear algunas cosas.

Si lo pienso por fuera de ese vortex me hubiera dado pena, lo hubiera suavizado o por no quedar mal me hubiera callado.

Pero en ese vortex energético, tomando la decisión consciente de ser un canal y permitiendo que mi ego salga del centro… he podido poner sobre la mesa lo que esa persona realmente necesitaba escuchar en ese momento

Y te juro, que no he sido yo.

Eso es lo que está en tus manos querida mentora, el mundo necesita mujeres líderes que impacten con sus decisiones a miles de personas. Vos y yo somos las mentoras que sostienen a esas líderes para que sigan avanzando, para que puedan ver con claridad, para que tengan un lugar a donde volver a conectar.

Vos y yo cumplimos un rol trascendental en la evolución del mundo y lo hacemos desde un acto de amor profundo: siendo canal para las mujeres que están accionando y creando una realidad diferente.

Pero nadie puede dar lo que no tiene, por eso es importante que vos tengas tu propio espacio contenedor y sanador, para dar lo mejor de vos misma.

Para sostener tenes que ser sostenida.

No se puede dar lo que no se tiene.

Este es tu espacio de regeneración para fortalecerte y salir al mundo para apoyar a las líderes que confían en vos para ayudarlas a alcanzar sus mayores sueños.

Tu mentalidad, visión, claridad y espacio energético limpio es trascendental para lo que tus clientes alcanzarán. Es tu responsabilidad crear ese contenedor de alta frecuencia para que ni tu propio miedo, ego y distorsiones condicionen su evolución.

Somos humanas trabajando como humanas, pero solo cuando te permitís a vos misma ser canal de una energía de claridad, valentía y amor podrás convertirte en el sostén que esa mujer necesita para dar los pasos valientes que su alma le pide.

Es tu responsabilidad mantenerte en una frecuencia alta, limpia de diálogos internos de tu ego y miedos teñidos de patrones incorrectos.

Yo no puedo trabajar con miles de personas a la vez, me quemaría. Pero si puedo ayudarte a ser la creadora de espacios de transformación profunda para las líderes que acompañas y que a través nuestro ellas puedan impactar en miles.

Y así es como se cambia el mundo, cada una haciendo su parte.

Mi parte y mi devoción sos vos.

Quiero ayudarte para que puedas ayudarlas.

Quiero ayudarte para que ellas puedan ayudar al mundo.

Gracias por haber llegado hasta aquí, te honro por el maravilloso trabajo que haces.

8. Palabras de despedida

La gran mayoría de las trabas que existen en tu vida para poder entregarte a vivir tu negocio como un canal terrenal de la energía divina o de más alta frecuencia… son los parloteos de tu mente.

¡Y no tiene sentido!

Porque estás acá para anclar una energía única, con una frecuencia única y para ello vivirás un recorrido único ¡Tu ego no lo conoce!

Porque estás acá para aportar tu mayor excelencia como profesional al hacer tu parte, pero sabiendo que hay una energía mucho más grande, sabia y poderosa que te sostiene.

Porque hay miles de personas que naciste para impactar con esta frecuencia única y están esperando que salgas de la maraña de diálogos mentales. No necesariamente porque te tengas que subir a grandes escenarios, pero nunca sabrás hasta donde llegarán las semillas que siembras en el corazón de aquellas personas que servís a diario. Aunque sean solo dos.

Animarte a vivir tu negocio como un canal de la divinidad, es abrirte a una sabiduría infinita que lo único que te pide es que tengas la humildad y compromiso de anclarte en tu frecuencia única.

Desde tu autoconocimiento energético y siguiendo tu estrategia y autoridad el próximo paso te será revelado.

Los recursos aparecerán, los contactos se abrirán, las soluciones aparecerán…

Solo tenes que mantenerte en tu frecuencia.

Como dice John Randolf Price *"Mi único trabajo es elevar mi mente y mi corazón a la consciencia de la presencia como mi fuente de suministro"*.

Si, sé que esto puede sonar "difícil" al principio o que tu propio ego te esté diciendo *"Vos no estás en ese nivel de consciencia"*.

Pero hoy estoy acá para decirte que esta nueva percepción TAMBIEN ES POSIBLE PARA VOS. Es un recorrido que se va conquistando paso a paso.

No se activará leyendo este libro, pero si te comprometes a dar los pasos requeridos, irá trasformando tu realidad.

Este nuevo estado se vive, se siente, se percibe y se activa en tu corazón.

Quiero ayudarte a llegar a ese lugar en donde tu negocio se vuelve una manifestación física de una energía mucho más grande, que te sostiene y apoya en la expansión de tu frecuencia única.

Aunque todas podemos hacer este recorrido (y a eso hemos venido), soy consciente que este no es el momento correcto de todas las personas. Cada alma sabe cuándo es el instante de comenzar.

Te extiendo la mano para que puedas sentir que es posible para vos también disfrutar de un negocio que está más allá de las redes sociales y las tendencias de los gurús, un negocio que te sirva como un canal de la energía divina en la tierra y te ayude a anclar tu propósito en este mundo.

Un negocio que te ayude a manifestar la misión de tu alma y te permita sostener tu conexión espiritual sin atentar contra tu energía.

Te espero con los brazos abiertos

Con amor

Lorena

Podes consultar las opciones de acompañamiento en mi web www.elalmaesindestructible.com